MUTUELLE AGRICOLE ACCIDENTS

D'EURE-ET-LOIR

DÉCRETS

CONCERNANT LA LOI DU 15 DECEMBRE 1922

SUR

LES ACCIDENTS DU TRAVAIL

EN AGRICULTURE

CHARTRES
IMPRIMERIE DURAND
9, RUE FULBERT

MUTUELLE AGRICOLE ACCIDENTS

D'EURE-ET-LOIR

DÉCRETS

CONCERNANT LA LOI DU 15 DÉCEMBRE 1922

SUR

LES ACCIDENTS DU TRAVAIL

EN AGRICULTURE

CHARTRES
IMPRIMERIE DURAND
9, RUE FULBERT

DÉCRETS

CONCERNANT LA LOI DU 15 DÉCEMBRE 1922 SUR LES ACCIDENTS DU TRAVAIL EN AGRICULTURE

Le Président de la République française,

Sur le rapport des ministres du Travail et de l'Agriculture,

Vu la loi du 9 avril 1898, concernant les responsabilités des accidents dont les ouvriers sont victimes dans leur travail et les lois postérieures qui l'ont complétée et modifiée ;

Vu la loi du 18 juillet 1907, ayant pour objet la faculté d'adhésion à la législation des accidents du travail ;

Vu la loi du 25 septembre 1919, étendant à l'Algérie la législation concernant les accidents du travail ;

Vu la loi du 15 décembre 1922, étendant aux exploitations agricoles la législation des accidents du travail et notamment son article 4, ainsi conçu :

« Les exploitants non assujettis, qui contracteront une assurance en faveur des membres de leur famille et de leurs collaborateurs occasionnels, auront la faculté d'adhérer à la législation sur les accidents du travail pour tous les accidents qui surviendraient à ceux-ci par le fait ou à l'occasion du travail.

« Les exploitants assujettis, ceux qui travaillent seuls et ceux qui auront usé de la faculté ouverte par le paragraphe précédent pourront également, sous la même condition de contracter une assurance, se placer eux-mêmes, pour les accidents dont ils seraient victimes, sous le bénéfice de ladite législation. Un décret réglera, en ce qui les concerne, les formalités à accomplir à cet effet.

« La législation sur les accidents du travail devient alors aussitôt applicable, dans les conditions déterminées par la loi du 18 juillet 1907, aux membres de leur famille travaillant avec eux et à leurs collaborateur occassionnels » ;

Vu l'avis du comité consultatif des assurances contre les accidents du travail,

Décrète :

Art. 1er. — Les exploitants visés à l'article 4 de la loi du 15 décembre 1922, qui auront contracté une assurance en vue d'adhérer à la législation sur les accidents du travail, pour eux ou pour ceux des membres de leur famille visés à l'article 1er, paragraphe 2, de la loi précitée et qu'ils auront désignés ou pour leurs collaborateurs occasionnels, devront faire une déclaration d'adhésion à la mairie du siège de leur principale exploitation, conformément au modèle I annexé au présent décret. Il leur en sera donné gratuitement récépissé conforme au modèle II annexé. Ils devront présenter en même temps le contrat d'assurance souscrit par eux, sur lequel le maire mentionnera les date et heure de la réception de la déclaration d'adhésion, suivant formule indiquée au modèle III annexé.

La législation sur les accidents du travail agricole deviendra, dès lors, applicable de plein droit à l'exploitant ou aux membres de sa famille visés dans la déclaration travaillant avec lui ou à ses collaborateurs occasionnels, dans les conditions de sa déclaration d'adhésion.

Art 2. — Au cas de résiliation du contrat d'assurance, celle-ci devra être notifiée par celle des parties intéressées qui en aura pris l'initiative, par lettre recommandée au maire de la commune, dans la forme prévue au modèle IV annexé au présent décret. Cette résiliation du contrat comportera cessation d'adhésion à la législation sur les accidents du travail à compter du moment où le contrat ne produira plus d'effet.

Art. 3 — Les polices d'assurances souscrites en vue de l'application de l'article 4 de la loi du 15 décembre 1922 devront stipuler qu'elles ne prendront effet qu'à dater de la déclaration d'adhésion, telle qu'elle est définie à l'article 1er ci-dessus, et que toute résiliation émanant de l'assureur ne sera valable que si elle est notifiée par lettre recommandée à l'assuré et au maire et si elle laisse à l'assuré un délai d'un mois pour contracter une nouvelle assurance.

Art. 4. — Un registre de déclarations d'adhésions, conforme au modèle V annexé, sera ouvert par les maires et communiqué sur place, sur leur demande, à l'exploitant, aux membres de sa famille ou à ses collaborateurs occasionnels. Il indiquera les assureurs successifs de l'exploitant, la date à laquelle le contrat prend effet et celle de sa cessation.

Art. 5. — Les ministres du Travail et de l'Agriculture sont chargés de l'exécution du présent décret, qui sera publiée au *Journal officiel* de la République française et inséré au *Bulletin officiel* du gouvernement général de l'Algérie.

Fait à Rambouillet, le 29 juillet 1923.

A. MILLERAND.

Par le Président de la République :

Le ministre du Travail,

Albert PEYRONNET.

Le ministre de l'Agriculture,

Henry CHÉRON.

MODÈLE I.

Déclaration d'adhésion à la législation sur les accidents du travail agricole.

(Loi du 15 décembre 1922, art. 4.)

Le soussigné :

Nom ....

Prénoms ....

Adresse..

exploitant d'une entreprise agricole située à ....

Communes de .... et de ....

déclare à M. le maire de la commune d ....

Canton d..

qu'il adhère à partir de ce jour à .... heure, à la législation sur les accidents du travail agricole, pour :

1° Lui-même ;

2° Les membres de sa famille travaillant avec lui et les travailleurs occasionnels qu'il pourrait occuper.

Le soussigné déclare avoir contracté à cet.

effet une police d'assurance portant le numéro (n° du contrat) .... à (désignation de la société) (1) ....

à (adresse) ....

réassurée à ....

à (adresse) ....

Cette adhésion est donnée pour la durée du contrat.

A ...., le ....

Signature :

____

(1) S'il s'agit d'une mutuelle locale, il conviendra d'indiquer en outre le réassureur.

MODÈLE II.

Récépissé de déclaration d'adhésion à la législation sur les accidents du travail agricole.

(Loi du 15 décembre 1922, art. 4.)

Nous soussigné,
Maire de la commune d ....
donnons récépissé à M. ....
assuré contre les accidents du travail agricole (art. 4 de la loi du 15 décembre 1922), à (1) ....

réassuré à (1) ....

par contrat n° ...., de sa déclaration d'adhésion à la législation sur les accidents du travail agricole qu'il a déposée, ce jour, à la mairie, à .... heure, pour :

1° Lui-même ;

2° Les membres de sa famille travaillant avec lui ou ses collaborateurs occasionnels.

Fait à ...., le ....

Signature :

____

(1) Désignation exacte de l'assureur et du réassureur, si le premier est une mutuelle locale, d'après le contrat.

N. B. — Si le déclarant est assujetti à la loi du 15 décembre 1922, l'avis de résiliation du contrat d'assurance qui comporte cessation d'adhésion ne le décharge pas de sa responsabilité dans les termes de cette loi vis-à-vis du personnel qu'il emploie.

MODÈLE III

Formule à imprimer sur les contrats d'assurances délivrés par application de l'article 4 de la loi du 15 décembre 1922.

Le maire de la commune d ....
certifie avoir reçu de M. ....
demeurant à ....
une déclaration d'adhésion à la législation sur les accidents du travail agricole, à la date du ....
.... heure, et que le présent contrat a été enregistré auxdites date et heure.

Le maire :

MODÈLE IV.

Avis à adresser au maire, par lettre recommandée, avec accusé de réception, pour lui signifier la résiliation d'un contrat d'assurance conclu par application de l'article 4 de la loi du 15 décembre 1922 sur les accidents du travail agricole.

A. (Pour l'assuré.)

Le soussigné :

Nom ....
Prénoms ....
demeurant à ....
assuré à la ....
a l'honneur d'informer M. le maire d ....
.... (1) qu'il vient de résilier son contrat d'assurance n° ...., à la société ....
.................., la résiliation devant prendre effet à la date du .... heure.

Fait à ...., le ....

Signature :

____

Variante. — (1) Que son contrat d'assurance n° .... prendra fin à la date du .... et qu'il ne sera pas renouvelé.

B. (Pour l'assureur.)

La société ....
demeurant à ....
assureur de M. ....

1.

demeurant à ....
a l'honneur d'informer M. le maire d.........................
....(1) qu'elle vient de résilier son
contrat nᵒ.............., la résiliation devant prendre
effet à la date du .... heure.

      Fait à ...., le ....

Signature :

Variante. — (1) Ou que le contrat nᵒ............ prendra
fin à la date du .... heure.

———◆———

Le Président de la République française,
Sur le rapport des ministres du Travail
et de l'Agriculture,
Vu la loi du 9 avril 1898, concernant
les responsabilités des accidents dont les
ouvriers sont victimes dans leur travail
et les lois postérieures qui l'ont complétée
et modifiée;
Vu l'article 5, paragraphes 1ᵉʳ et 6, et
l'article 12, paragraphe 1ᵉʳ, de la loi du
15 décembre 1922, étendant aux exploitations agricoles la législation des accidents
du travail;
Vu l'avis du comité consultatif des assurances contre les accidents du travail.

Décrète :

Art. 1ᵉʳ. — Il sera tenu dans les mairies,
à la disposition des victimes d'accidents
du travail ou de leurs ayants droit, des
formules imprimées, conformes au modèle
annexé au présent décret, d'avis d'accidents du travail à adresser aux exploitants.
Art. 2. — Un extrait de la déclaration
d'accident, prévue à l'article 11 de la loi
du 9 avril 1898, conforme au modèle annexé au présent décret, devra être adressé
au ministère du Travail, dans le mois qui
suivra réception de la déclaration pour

Modele V.

REGISTRE(1) DES DÉCLARATIONS D'ADHÉSION A LA LÉGISLATION SUR LES ACCIDENTS DU TRAVAIL AGRICOLE

(Loi du 15 décembre 1922, art. 4).

NUMÉRO D'ORDRE	DATE ET HEURE DE LA DÉCLARATION		NOM DE L'EXPLOITANT	ADRESSE	ASSUREUR DÉSIGNATION	NUMÉRO DU CONTRAT ou avenant	SITUATION DU RISQUE	DATE de PRISE D'EFFET (2)	DATE de PRISE D'EFFET de la résiliation	OBSERVATIONS
	DATE	HEURE								
1	15 novembre 1923	15 heures	Richard (Paul).							
2	15 novembre 1923	15 heures	Durand (Victor).							

(1) Tenu par le maire et communiqué sur place aux intéressés seulement.
    (Exploitants, membres de la famille ou salariés occasionnels pour les inscriptions qui les concernent.)
(2) En cas de nouveau contrat seulement.
    (Pour le premier contrat pris avant la déclaration d'adhésion, l'effet part des date et heure de déclaration d'adhésion à la législation portée dans la colonne 2.)

tous les accidents qui, d'après la nature de la lésion, sont susceptibles d'entraîner ou ont entraîné la mort, ou une incapacité permanente.

Art. 3. — Un avis de la déclaration d'accident sera établi en la forme indiquée au modèle VII annexé au décret du 23 mars 1902. Dans le même délai que celui de la transmission au juge de paix, le maire qui a reçu la déclaration avise le directeur des services agricoles du département, qui transmet lui-même à l'inspecteur du travail. Cette transmission n'est faite toutefois que pour les seuls accidents suivis de décès, ou pour ceux qui ont donné lieu à production d'un certificat, ou lorsque, en l'absence d'un certificat, il y a lieu de supposer que l'accident peut entraîner la mort ou une incapaaité permanente.

Art. 4. — Les ministres du Travail et de l'Agriculture sont chargés de l'exécution du présent décret, qui sera publié au *Journal officiel* de la République française et inséré au *Bulletin officiel* du gouvernement général de l'Algérie.

Fait à Rambouillet, le 29 juillet 1923.

A. MILLERAND.

Par le Président de la République :

Le ministre du Travail,

Albert PEYRONNET.

Le ministre de l'Agriculture,

Henry CHÉRON.

------♦------

Le Président de la République française,

Sur le rapport des ministres du Travail, de l'Agriculture et des Finances,

Vu la loi du 9 avril 1898 concernant les responsabilités des accidents dont les ouvriers sont victimes dans leur travail, et notamment son article 27, modifié par la loi du 31 mars 1905 ;

Vu la loi du 4 juillet 1900 relative à la constitution des sociétés ou caisses d'assurances mutuelles agricoles ;

Vu la loi du 15 décembre 1922 étendant aux exploitations agricoles la législation des accidents du travail, et notamment son article 11, paragraphe 1er, ainsi conçu :

« Les sociétés ou caisses d'assurances et de réassurances mutuelles agricoles, constituées dans les termes de la loi du 4 juillet 1900, seront admises à couvrir les risques de mort et d'incapacité permanente résultant de l'application de la présente loi, à condition de se soumettre dans leur fontionnement aux garanties édictées, en ce qui concerne les sociétés d'assurances mutuelles, par l'article 27 de la loi du 9 avril 1898, modifié par celle du 31 mars 1905, suivant les modalités déterminées par un règlement d'administration publique, contresigné par les ministres du Travail, de l'Agriculture et des Finances, lequel fixera notamment le nombre minimum d'adhérents et le minimum de risques assurés » ;

Vu la loi du 20 juillet 1923 prorogeant le délai de publication des décrets prévus par la loi du 15 décembre 1922 ;

Vu l'avis du comité consultatif des assurances contre les accidents du travail ;

Le conseil d'Etat entendu,

Décrète :

CHAPITRE Ier

Art. 1er. — Les sociétés ou caisses d'assurances et de réassurances mutuelles agricoles, constituées dans les termes de la loi du 4 juillet 1900, qui entendent assurer le risque des accidents du travail ayant entraîné la mort ou une incapacité permanente, sont soumises, tout en restant dans les attributions du ministre de

AVIS D'ACCIDENT DE TRAVAIL AGRICOLE
à adresser par l'ouvrier à son patron (1).

Le soussigné, ...

Agissant pour son compte .... } Rayer la mention inutile.
Agissant au nom de ....

Victime de l'accident .... { Nom ....
{ Prénoms ....

Demeurant à ....
    Commune d ....
    Canton d ....

Informe son patron :
    Nom ....
    Prénoms ....

Demeurant à ....
    Commune d ....
    Canton d ....

Que le susnommé a été victime,
    Le ....
    A .... heure ,
    A (endroit de l'accident) ....

d'un accident du travail.
    L'accident a été occasionné par ....

Il a produit les blessures suivantes : ....

Les témoins de l'accident sont : ....

Fait à ...., le ....,

Signature :

Adresse du déclarant ....
(si ce n'est pas la victime).

N. B. — L'ouvrier doit adresser ou faire adresser cet avis à son patron pour tout accident ayant entraîné une suspension de travail de plus de quatre jours et si le lieu de l'accident se trouve hors de la commune où l'exploitant a son domicile. L'envoi doit être fait par lettre *recommandée avec accusé de réception*.

---

(1) Cet avis doit reproduire au verso l'article 5 de la loi du 15 décembre 1922 et les articles 11 et 14 de la loi du 9 avril 1898 ainsi conçus :

Article 5 de la loi du 15 décembre 1922, étendant à l'agriculture la législation sur les accidents du travail :

Si, dans les quatre jours qui suivent l'accident, la victime n'a pu reprendre son travail, et si le lieu de l'accident se trouve hors de la commune où l'exploitant a son domicile, l'accident doit être porté à la connaissance de l'exploitant, par lettre recommandée, avec accusé de réception, soit par la victime, soit par un représentant ou un ayant droit.

Tout accident ayant occasionné une incapacité de

l'Agriculture, à la surveillance et au contrôle du ministre du Travail, établis par l'article 27 de la loi du 9 avril 1898, modifié par la loi du 31 mars 1905.

Elles doivent comprendre ou réassurer à toute époque au moins 500 adhérents payant un minimum de 50 000 francs de cotisations annuelles.

Art. 2. — Les mutuelles agricoles précitées qui ne rempliraient pas les conditions prévues à l'article précédent pourront néanmoins délivrer des contrats garantissant tout ou partie des risques visés par la loi du 15 décembre 1922, après avoir justifié au ministre du Travail qu'elles ont contracté préalablement pour tous les risques de mort et d'incapacité permanente, auprès d'une société régulièrement habilitée, une réassurance intégrale en vertu soit d'une disposition de leurs statuts, soit d'un traité. Les contrats délivrés par les mutuelles agricoles devront indiquer en caractères très apparents les nom et adresse du réassureur et contenir l'engagement exprès de ce dernier de prendre les lieux et place de l'assureur direct dans la substitution au chef d'entreprise, visée au dernier alinéa de l'article 16 de la loi du 9 avril 1898 (modifié par la loi du 31 mars 1905).

Sous ces conditions, ces sociétés ne seront pas soumises aux dispositions du

---

travail doit être déclaré par l'exploitant ou ses préposés à la mairie du lieu où il s'est produit dans les conditions spécifiées par l'article 11 de la loi du 9 avril 1898.

Le délai imparti par cette loi partira, dans le cas où l'exploitant n'est pas domicilié dans la commune où se trouve le lieu de l'accident, du jour de la réception, par lui, de la lettre recommandée.

A défaut par le déclarant d'avoir joint à l'avis d'accident un certificat de médecin indiquant l'état de la victime, les suites probables de l'accident et l'époque à laquelle il sera possible d'en connaître les conséquences définitives, l'exploitant doit, dans les quatre jours de la réception de l'avis d'accident et sous les peines prévues à l'article 14 de la loi du 9 avril 1898, provoquer l'établissement à sa charge d'un certificat médical et le déposer à la mairie du lieu de l'accident contre récépissé.

Si, toutefois, l'exploitant a eu, par lui-même ou ses préposés, connaissance d'un accident ayant entraîné une incapacité de travail de plus de quatre jours, et s'il n'a pas reçu avis de cet accident fait par la victime, son représentant ou un ayant droit, il est tenu de faire la déclaration à la mairie du lieu de l'accident, avec certificat à l'appui.

Les frais de poste de l'avis d'accident et le coût du certificat médical incomberont à l'exploitant. Des formules imprimées d'avis aux exploitants seront tenues gratuitement à la disposition des intéressés. Un décret déterminera la teneur de ces formules dont l'emploi ne sera pas obligatoire, et fixera les conditions dans lesquelles les avis d'accidents devront être transmis au ministère du Travail par les mairies.

Le délai, dans lequel le juge de paix doit procéder à l'enquête prévue au deuxième alinéa de l'article 12 de la loi du 9 avril 1898, est porté à trois jours et le délai de clôture de ladite enquête est porté à quinze jours.

Article 11 de la loi du 9 avril 1898 :
Tout accident ayant occasionné une incapacité de travail doit être déclaré dans les quarante-huit heures, non compris les dimanches et jours fériés, par le chef d'entreprise ou ses préposés, au maire de la commune, qui en dresse procès-verbal et en délivre immédiatement récépissé.

La déclaration et le procès-verbal doivent indiquer, dans la forme réglée par décret, les nom, qualité et adresse du chef d'entreprise, le lieu précis, l'heure et la nature de l'accident, les circonstances dans lesquelles il s'est produit, les noms et adresses des témoins.

Dans les quatre jours qui suivent l'accident, si la victime n'a pas repris son travail, le chef d'entreprise doit déposer à la mairie, qui lui en délivre immédiatement récépissé, un certificat du médecin indiquant l'état de la victime, les suites probables de l'accident et l'époque à laquelle il sera possible d'en connaître le résultat définitif.

La déclaration d'accident pourra être faite dans les mêmes conditions par la victime ou ses représentants jusqu'à l'expiration de l'année qui suit l'accident.

Avis de l'accident, dans les formes réglées par décret, est donné immédiatement par le maire à l'inspecteur départemental du travail ou à l'ingénieur ordinaire des mines chargé de la surveillance de l'entreprise.

L'article 15 de la loi du 2 novembre 1892 et l'article 11 de la loi du 12 juin 1893 cessent d'être applicables dans les cas visés par la présente loi.

Article 14 de la loi du 9 avril 1898 :
Sont punis d'une amende de 1 à 15 francs les chefs d'industrie ou leurs préposés qui ont contrevenu aux dispositions de l'article 11.

En cas de récidive dans l'année, l'amende peut être élevée de 16 à 300 francs.

L'article 463 du code pénal est applicable aux contraventions prévues par le présent article.

présent décret ; elles seront exemptes de toute contribution aux frais de surveil- | lance et de contrôle qui seront supportés par le réassureur.

DÉPARTEMENT
d ....

ARRONDISSEMENT
d ....

CANTON
d ....

A établir sur fiche carton souple
11 cm × 18 cm

RÉPUBLIQUE FRANÇAISE

Mairie d .... /

AVIS DE DÉCLARATION D'ACCIDENT AGRICOLE
à adresser au Ministre du Travail.

(Contrôle des assurances privées, 80, rue de Varenne, Paris-7e)
(Art 5 de la loi du 15 décembre 1922.)

Victime de l'accident..
  Nom ....
  Prénoms ....
  Demeurant à ....
  Commune d ....

Patron de la victime. .
  Nom ....
  Prénoms ....
  Demeurant à ....
  Commune d ....

Date de l'accident ....
Circonstances dans lesquelles s'est produit l'accident ....

Nature des blessures d'après la déclaration ....

Nom et adresse de l'assureur (1) ....

Nom et adresse du réassureur ....

A-t-il été déposé un certificat médical ....
Quelles sont ses conclusions ....
A-t-il été signalé que la victime avait repris son travail ....

Fait à ...., le ....

(1) S'il s'agit d'une mutuelle locale, il est indispensable d'indiquer, en outre, le réassureur.

Art. 3. — Les statuts des sociétés visées à l'article 1er doivent fixer le maximum de contribution annuelle dont chaque sociétaire est passible pour faire face au seul payement des sinistres.

Ils décident que chaque sociétaire sera tenu de verser d'avance une portion de ladite contribution sociale. Dans le cas où cette portion de cotisation serait acquittée au moyen de plusieurs versements faits d'avance, chacun d'eux donnera lieu à l'établissement d'une quittance à valoir sur le montant de la cotisation définitive de l'exercice. Si la société assure d'autres risques que ceux prévus par la loi du 15 décembre 1922, lesdits statuts devront prévoir l'affectation en totalité à la garantie exclusive du règlement de ces derniers risques, des fonds, cautionnements et réserves de toute nature composant l'actif de la branche spéciale propre à l'assurance de ces risques.

Art. 4. — Le conseil d'administration demeure juge, soit du choix du tarif à appliquer à tout risque prévu aux statuts proposé à l'assurance, soit même de l'admissibilité de ce risque.

Art. 5. — Les statuts doivent déterminer également le maximum de la contribution annuelle qui peut être exigé de chaque sociétaire pour couvrir les frais généraux de la société. En aucun cas et pour quelque obligation que ce soit incombant à la société, sauf en ce qui concerne l'augmentation des charges fiscales, le sociétaire ne peut être tenu au delà du maximum de cotisation prévu à l'article 3 et au présent article.

La quotité de cette contribution est fixée tous les cinq ans au moins par l'assemblée générale.

Art. 6. — S'il a été fait des dépenses de premier établissement, elles doivent être limitées à la quotité du fonds de premier établissement, tel qu'il est fixé par les statuts. Elles doivent faire l'objet dans les comptes d'un poste distinct, et être amorties en quinze ans au plus, à compter de la constitution définitive de la société, par fractionss annuelles au moins égales au quinzième de son montant initial.

Les dépenses d'installation résultant du développement ultérieur de la société sont inscrites sous une rubrique spéciale dans les comptes de la société, elle doivent être amorties en quinze ans au plus, à compter de la date à laquelle elles ont été engagées, et dans les conditions spécifiées au paragraphe précédent.

Les fonds destinés à faire face à ces deux catégories de dépenses sont constitués au moyen d'excédents de recettes ou, à défaut, soit à l'aide d'une contribution spéciale des sociétaires, constatée par quittance spéciale, soit au moyen d'une émission d'obligations.

Les sociétés d'assurances ou de réassurances visées à l'article 1er pourront, en outre, contracter des emprunts, sous forme d'émission d'obligations, pour constituer les cautionnements qu'elles ont ou auront à verser à la caisse des dépôts et consignations.

Toute émission d'obligations donne lieu au prélèvement obligatoire, sur la part de la cotisation réservée aux frais généraux, d'une somme constante destinée à faire face au payement des intérêts et à l'amortissement des obligations émises.

En dehors des réserves d'inventaire qu'il y a lieu de constituer conformément aux règlements régissant les assurances contre les accidents du travail, ces sociétés doivent constituer des réserves comprenant :

1° Pour la catégorie des polices à cotisations payées d'avance, dont l'expiration ne correspond pas à la fin de l'exercice, une réserve pour risques en cours à la fin dudit exercice, calculée à raison de 33 pour 100, au minimum, des cotisations, déduction faite des réassurances ;

2° Une réserve pour sinistres restant à régler à la fin de l'exercice ;

3° Une réserve pour l'amortissement des obligations.

Dans l'inventaire, il est affecté à chacune de ces réserves un poste spécial, dont les éléments sont constitués par des valeurs estimées ainsi qu'il est prévu à l'article 16.

Il est interdit de faire figurer dans les polices ou documents de publicité l'énonciation de fonds de réserve ou de fonds de garantie qui ne seraient pas représentés par des valeurs mobilières ou immobilières, figurant à l'actif de la société.

Art. 7. — Il peut être formé, en outre, dans chaque société d'assurances mutuelles agricoles, un fonds de réserve complémentaire, constitué par les excédents de recettes, ayant pour objet de donner à la société les moyens de suppléer à l'insuffisance de la cotisation annuelle pour le payement des sinistres.

Le montant de ce fonds de réserve est fixé tous les cinq ans au plus, nonobstant toute stipulation contraire insérée dans les statuts, dans les conditions que ceux-ci doivent indiquer.

Le mode de constitution et l'emploi de ce fonds doivent être déterminés par les statuts, sauf application des dispositions suivantes.

Dans aucun cas, le prélèvement sur le fonds de réserve ne peut excéder la moitié de ce fonds pour un seul exercice.

En cas de dissolution de la société, l'emploi du reliquat du fonds de réserve doit être soumis à l'approbation des ministres du Travail et de l'Agriculture.

Art. 8. — Les sociétés visées à l'article 1er doivent dresser chaque semestre un état sommaire de leur situation active et passive.

Il est, en outre, établi, chaque année, un inventaire, ainsi qu'un compte détaillé de profits et pertes de l'année précédente et du montant des sinistres.

Les provisions pour risques en cours et les provisions pour sinistres restant à régler, reportées du précédent exercice, doivent faire l'objet d'articles distincts du compte de profits et pertes.

Dans l'inventaire, les valeurs figurant à l'actif sont estimées de la manière suivante :

1° Les valeurs mobilières, au prix d'achat ou au cours de la bourse de Paris au 31 décembre et, à défaut, au cours d'une des principales places du pays d'émission à la date de la clôture de l'inventaire, si ces cours sont inférieurs au prix d'achat ;

2° Les immeubles, soit au prix d'achat, soit au prix de revient, tel qu'il ressort des travaux de construction et d'amélioration, à l'exclusion des travaux d'entretien proprement dits.

Toutes les valeurs figurant à l'actif doivent faire l'objet de postes distincts de l'inventaire, suivant qu'elles sont immédiatement réalisables ou non.

La liste détaillée des valeurs en portefeuille doit être annexée à l'inventaire.

Les cotisations afférentes aux risques non réassurés et celles afférentes aux risques réassurés doivent faire l'objet d'articles distincts du compte de profits et pertes.

L'inventaire et le compte détaillé de profits et pertes doivent être adressés aux ministres du Travail et de l'Agriculture aux dates fixées par le ministre du Travail.

Art. 9. — Dans le bilan, figurent sous des rubriques distinctes :

A. — A l'actif, les éléments affectés :

a) A la réserve pour risques en cours.

b) A la réserve pour sinistres restant à régler.

B. — Au passif :

a) Les réserves pour risques en cours.

b) Les réserves pour sinistres restant à régler.

c) La réserve pour amortissement des obligations.

Mention expresse y est faite que les fonds de la société ont été effectivement placés en conformité des dispositions de l'article 18 du présent décret.

Art. 10. — Les sociétés visées à l'article 1ᵉʳ ne peuvent traiter à forfait pour l'acquittement de leurs frais généraux avec le directeur, s'il y en a un, avec le conseil d'administration ou avec une entreprise distincte.

La rémunération des agents ou employés ne pourra comporter qu'une allocation fixe, variable avec le temps ou les services rendus.

En aucun cas les agents ou employés ne pourront être rémunérés par des commissions proportionnelles aux primes réalisées, payées au comptant ou d'avance.

Aucun avantage particulier ne peut être stipulé au profit des fondateurs.

CHAPITRE II

CAUTIONNEMENTS ET RÉSERVES

Art. 11. — Indépendamment des garanties spécifiées aux articles précédents, ces sociétés d'assurance ou de réassurance doivent justifier de la constitution préalable d'un cautionnement fixé d'après des bases que détermine le ministre du Travail sur l'avis du comité consultatif des assurances contre les accidents du travail, et affecté par privilège, au payement des pensions et indemnités, conformément à l'article 27 de la loi du 9 avril 1898.

Art. 12. — Le cautionnement est constitué dans les quinze jours de la notification de la décision du ministre du Travail à la caisse des dépôts et consignations, en valeurs énumérées au 1° de l'article 16 ci-dessous. Il est revisé chaque année. Les titres sont estimés au cours moyen de la Bourse de Paris au jour du dépôt.

Art. 13. — Le cautionnement est versé au lieu où la société a son siège principal, dans les conditions déterminées par les lois et règlements en vigueur sur la consignation des valeurs mobilières.

Les intérêts des valeurs déposées peuvent être retirés par la société. Il en est de même en cas de remboursement des titres avec primes ou lots, de la différence entre le prix de remboursement et le cours moyen à la Bourse de Paris, au jour fixé pour le remboursement, de la valeur sortie au tirage.

Le montant des remboursements, déduction faite de cette différence, doit être immédiatement remployé en achat de valeurs visées au 1° de l'article 16, sur l'ordre de la société, ou d'office en rentes sur l'Etat, si la société n'a pas donné d'ordres dans les quinze jours de la notification du remboursement faite sous pli recommandé, par la caisse des dépôts et consignations.

Il en est de même pour les fonds provenant d'aliénation de titres demandée par la société.

Art. 14. — Les valeurs déposées ou les valeurs acquises en remploi de ces valeurs ne peuvent être retirées que : 1° dans le cas où le cautionnement exigible a été fixé, pour l'année courante, à un chiffre inférieur à celui de l'année précédente et jusqu'à concurrence de la différence ; 2° dans le cas où la société ayant versé à la caisse nationale des retraites les capitaux constitutifs des rentes et indemnités assurées, justifie qu'elle a complètement rempli toutes ses obligations. Dans les deux cas, une décision du ministre du Travail est nécessaire.

Art. 15. — Le cautionnement que ces sociétés auront à verser est réduit de moitié pour celles dont les statuts stipulent : 1° que la société ne peut assurer ou réassurer, pour l'application de la loi du 15 décembre 1922, qu'une partie des risques prévus par l'article 1er de ladite loi ; 2° que le maximum de contribution annuelle dont chaque sociétaire est passible pour le payement des sinistres est au moins double de la prime totale fixée par son contrat pour l'assurance de tous les risques et triple de la prime partielle déterminée par le ministre du Travail, après avis du comité consultatif pour les mêmes professions et pour les risques de mort ou d'incapacité permanente.

Art. 16. — Les sociétés visées à l'article 1er sont tenues de justifier à toute époque de l'existence d'une réserve mathématique ayant pour minimum de valeur le montant des capitaux représentatifs des rentes et indemnités à servir à la suite d'accidents ayant entraîné la mort ou une incapacité permanente et survenus jusqu'à la date de l'inventaire.

Les capitaux représentatifs sont calculés d'après un barème minimum déterminé par le ministre du Travail après avis du comité consultatif des assurances contre les accidents du travail.

Cette réserve dont le montant est arrêté par le ministre du Travail, dans les conditions fixées par lui, reste aux mains de la société. Elle ne peut être placée que dans les conditions suivantes :

1° Pour les deux tiers au moins de la fixation annuelle, en valeurs de l'Etat ou jouissant d'une garantie de l'Etat, en obligations négociables et entièrement libérées des départements, des communes et des chambres de commerce ; en obligations foncières et communales du Crédit foncier ; en obligations des grandes compagnies de chemins de fer (Est, Midi, Nord, Orléans, ancien Ouest, P.-L.-M.) et du syndicat du chemin de fer de grande ceinture ; en bons émis par les caisses de crédit municipal de France ;

2° Jusqu'à concurrence du tiers au plus de la fixation annuelle, en immeubles situés en France ou en Algérie, et en premières hypothèques sur ces immeubles, pour la moitié au maximum de leur valeur estimative ; en ouverture de crédits hypothécaires pour construction d'immeubles, pour la moitié également au maximum de la valeur desdits immeubles au fur et à mesure de l'avancement des travaux ;

3° Jusqu'à concurrence d'un dixième confondu dans le tiers précédent, en parts sociales de caisses de crédit, sociétés coopératives et sociétés d'intérêt collectif, constituées conformément aux dispositions de la loi du 5 août 1920 ; en actions ou obligations des sociétés régies par la législation sur les habitations à bon marché et sur la petite propriété ainsi qu'en parts sociales ou obligations de sociétés ayant pour objet l'organisation d'un dispensaire, par application du titre II de la loi du 15 avril 1916.

Pour la fixation prévue au paragraphe 1er du présent article, les valeurs mobilières sont estimées à leur prix d'achat si elles ont été acquises pendant l'exercice au cours duquel elles ont été affectées à la couverture de la réserve mathématique ; si elles ont été acquises antérieurement, elles seront évaluées d'après l'un des cours pratiqués dans l'année de l'affectation. Lorsque pour l'ensemble de ces valeurs l'estimation ainsi faite dépasse de plus de 5 pour 100 celle qui résulterait des cours de la Bourse de Paris ou à défaut de la bourse où les valeurs sont cotées à la date de l'inventaire ou à la date la plus proche de l'inventaire où les susdites valeurs ont été cotées, un arrêté ministériel, pris après avis du comité consultatif des assurances contre les accidents du travail, détermine les conditions et délais dans lesquels la valeur estimative devra être fixée d'après ces cours.

Les immeubles sont estimés soit au prix d'achat, soit au prix de revient, tel qu'il ressort des travaux de construction et d'amélioration, à l'exclusion des travaux d'entretien proprement dits.

La vérification de la valeur des immeubles peut être effectuée, à une époque quelconque, par les soins du ministre du Travail, après avis du comité consultatif des assurances contre les accidents du travail.

En ce qui concerne les immeubles formant la garantie de prêts hypothécaires, et faute par l'entreprise de fournir au ministre la justification du prix d'achat résultant d'actes authentiques, la valeur de l'immeuble hypothéqué sera fixée forfaitairement à vingt fois la valeur locative brute servant de base à l'établissement de la contribution foncière sur la propriété bâtie.

Art. 17. — Si les sociétés susvisées ne font point elles-mêmes le service des rentes et indemnités attribuables, aux termes de l'article 3 de la loi du 9 avril 1898, pour les accidents ayant entraîné la mort ou une incapacité permanente de travail et si elles opèrent immédiatement le versement des capitaux constitutifs de ces rentes et indemnités à la caisse nationale des retraites, il n'y a pas lieu pour elles à constitution de réserve mathématique.

Si ces sociétés versent seulement dans les conditions susdésignées une partie des capitaux constitutifs dont il s'agit, leur réserve mathématique est réduite proportionnellement.

Toutefois, dans l'un et l'autre cas, ces sociétés sont tenues à la constitution de réserves mathématiques dans les conditions prévues à l'article 16 pour les rentes à servir à la suite d'accidents ayant entraîné la mort ou une incapacité permanente survenus avant l'inventaire et dont les capitaux représentatifs n'ont pas encore été versés, en totalité ou en partie, à la caisse nationale des retraites.

Art. 18. — Les fonds autres que les réserves mathématiques susvisées, à l'exception des sommes nécessaires aux besoins du service courant, sont placés de la manière suivante :

1° Jusqu'à concurrence des trois quarts au moins :

En immeubles ou en prêts hypothécaires sur les immeubles situés en France ou en Algérie ;

En valeurs de l'Etat ou en valeurs ayant une garantie de l'Etat portant sur le capital ou sur le revenu ;

En actions de la Banque de France ;

En prêts aux départements, aux communes, aux chambres de commerce de France ou d'Algérie, ou en obligations émises par ces divers emprunteurs ;

En valeurs jouissant d'une garantie portant sur le capital ou sur le revenu de la part desdits départements, communes ou chambres de commerce régulièrement autorisées ;

En prêts ou obligations de l'office national et des caisses régionales de crédit agricole ;

En obligations foncières et communales émises par le Crédit foncier de France ;

En prêts ou avances sur les effets publics ci-dessus désignés ;

En ouverture de crédits hypothécaires pour constructions d'immeubles ;

En obligations des grandes compagnies de chemins de fer (Est, Midi, Nord, Orléans, ancien Ouest, Paris-Lyon-Méditerranée, réseau d'Alsace et de Lorraine), du syndicat du chemin de fer de grande ceinture, et en obligations prévues à l'article 13, paragraphe 3°, de la convention du 28 juin 1921, approuvée par la loi du 29 octobre 1921 ;

En bons émis par les caisses de crédit municipal de France ;

2° Pour le surplus, conformément aux dispositions statutaires.

CHAPITRE III

SURVEILLANCE ET CONTRÔLE

Art. 19. — Les sociétés visées à l'article 1er qui assurent d'autres risques que celui résultant de l'application de la loi du 15 décembre 1922 pour le cas de mort ou d'incapacité permanente doivent établir pour les opérations se rattachant à ce risque une gestion et une comptabilité absolument distinctes.

Art. 20. — Toutes les sociétés doivent communiquer immédiatement au ministre du Travail dix exemplaires de tous les règlements, tarifs, polices, prospectus et imprimés distribués ou utilisés par elles ; deux exemplaires de ces documents sont adressés au ministre de l'Agriculture.

Les polices doivent :

1° Reproduire textuellement les articles 3, 9, 19 et 30 de la loi du 9 avril 1898, modifiée par celle du 31 mars 1905 ; 8, 9 et 10 de la loi du 15 décembre 1922;

2° Spécifier qu'aucune clause de déchéance ne pourra être opposée aux ouvriers créanciers ;

3° Stipuler que les contrats se trouveraient résiliés de plein droit dans le cas et dans les conditions prévus par l'article 27 de la loi du 9 avril 1898, modifié par la loi du 31 mars 1905.

Les sociétés doivent produire aux ministres du Travail et de l'Agriculture, aux dates fixées par le ministre du Travail :

1° Le compte rendu détaillé annuel de leurs opérations avec des tableaux financiers et statistiques annexes, dans les conditions déterminées par arrêté ministériel, après avis du comité consultatif. Ce compte rendu doit être délivré par les sociétés intéressées à tout adhérent qui en fait la demande moyennant payement d'une somme qui ne peut excéder 5 francs ;

2° L'état des salaires ou hectares assurés et l'état des rentes et indemnités correspondant au risque spécifié à l'article 1er ainsi que tous autres états ou documents manuscrits que le ministre juge nécessaires à l'exercice du contrôle.

Art. 21. — Elles sont soumises, sous l'autorité du ministre du Travail, à la surveillance permanente des commissaires contrôleurs des sociétés d'assurances, exercée en collaboration avec les agents habilités à cet effet par le ministre de l'Agriculture.

Ces contrôleurs sont spécialement accrédités pour des périodes fixées auprès des sociétés qu'ils ont mission de surveiller.

Ils vérifient au siège des sociétés l'état des assurés et des risques assurés, les contrats intervenus, les écritures et pièces comptables, la caisse, le portefeuille, les calculs des réserves et tous les éléments de contrôle propres soit à établir les opérations dont résultent des obligations pour les sociétés, soit à constater la régulière exécution tant des statuts que des prescriptions contenues dans le présent décret et dans les arrêtés ministériels qu'il prévoit.

Ils se bornent à ces vérifications et constatations, sans pouvoir donner aux sociétés aucune instruction ni apporter à leur fonctionnement aucune entrave.

Ils rendent compte au ministre du Travail, qui, seul, prescrit, dans les formes et délais qu'il fixe, les redressements nécessaires. Il adresse, le cas échéant, à chacune des sociétés, les injonctions nécessaires et la met en demeure de s'y conformer.

Art. 22. — Les contributions pour frais de surveillance sont fixées conformément aux dispositions de l'article 53 de la loi de finances du 31 juillet 1920.

Art. 23. — Dès que, après fixation du cautionnement dans les conditions déterminées par les articles 2 et 6 ci-dessus, une société a effectué à la caisse des dépôts et consignations le versement du montant de ce cautionnement, mention de cette formalité est faite au *Journal officiel* par les soins du ministre du Travail.

Art. 24. — Les ministres du Travail, de l'Agriculture et des Finances sont chargés, chacun en ce qui le concerne, de l'exécution du présent décret, qui sera publié au *Journal officiel* de la République française et inséré au *Bulletin des lois*.

Fait à Rambouillet, le 22 août 1923.

A. MILLERAND.

Par le Président de la République :

Le ministre du Travail,

Albert PEYRONNET.

Le ministre de l'Agriculture,

Henry CHÉRON.

Le ministre des Finances,

Ch. DE LASTEYRIE.

————◆————

Le Président de la République française,

Sur le rapport des ministres du Travail, de l'Agriculture et des Finances,

Vu la loi du 4 juillet 1900 relative à la constitution des sociétés ou caisses d'assurances mutuelles agricoles;

Vu la loi du 15 décembre 1922 étendant aux exploitations agricoles la législation des accidents du travail et notamment son article 11, paragraphe 2, ainsi conçu :

« Les sociétés mutuelles d'assurances, régies par la loi du 4 juillet 1900, recevront chaque année de l'Etat, dans la limite des crédits inscrits à cet effet au budget du ministère de l'Agriculture et dans les conditions déterminées par un règlement d'administration publique, des subventions spéciales représentant la moitié au maximum des cotisations que devraient payer ceux de leurs adhérents, visés au second paragraphe de l'article 1er, qui auront usé de la faculté d'assujettissement prévue à l'article 4 »;

Vu la loi du 20 juillet 1923 prorogeant le délai de publication des décrets prévus par la loi du 15 décembre 1922;

Vu l'avis du comité consultatif des assurances contre les accidents du travail;

Le conseil d'Etat entendu,

Décrète :

Art. 1er. — Les sociétés mutuelles ou caisses d'assurances et de réassurances régies par la loi du 4 juillet 1900, qui voudront bénéficier des subventions prévues par l'article 11, paragraphe 2, de la loi du 15 décembre 1922, devront tenir un registre spécial des contrats conclus avec les exploitants visés au second paragraphe de l'article 1er de ladite loi, conforme au modèle annexé au présent décret. Les titulaires de ces contrats devront souscrire une déclaration spéciale conforme au modèle annexé au présent décret. Cette déclaration devra spécifier qu'ils travaillent seuls ou avec l'aide des membres de leur famille désignés à l'article 1er, paragraphe 2, de la loi du 15 décembre 1922, et, le cas échéant, avec celle de collaborateurs occasionnels, salariés ou non. Elle contiendra, en outre, l'engagement de signaler tout embauchage habituel d'un ou plusieurs collaborateurs rendu nécessaire pour tout ou partie de l'année par l'importance des travaux de leur exploitation agricole.

Art. 2. — La demande de subvention présentée en vertu du paragraphe 2 de l'article 11 de la loi du 15 décembre 1922 devra être produite chaque année avant le 15 mai au ministre de l'Agriculture. Elle sera accompagnée d'un relevé des cotisations encaissées au cours de l'année expirée le 31 décembre précédent.

Les cotisations encaissées et les indemnités payées à l'occasion des sinistres ou les sommes mises en réserve pour les contrats visés à l'article 1er devront faire l'objet de comptes spéciaux dans les écritures de la société.

Art. 3. — Le montant de la subvention accordée par le ministre de l'Agriculture en vertu du paragraphe 2 de l'article 11 de la loi du 15 décembre 1922 sera fixé pour chaque société mutuelle susvisée proportionnellement aux encaissements définis à l'article 2 précité.

Art. 4. — Le montant de la subvention encaissée par la société devra être affecté en totalité à une réduction des cotisations à payer par les assurés visés au deuxième paragraphe de l'article 1er de la loi du 15 décembre 1922, qui auront usé de la faculté d'assujettissement prévue à l'article 4 de ladite loi.

Aucune réduction ne pourra être supérieure à la moitié de la cotisation à payer par l'exploitant dans l'année. Tous les bénéficiaires de ces réductions seront au cours d'une même année traités sur le pied d'égalité proportionnellement au montant de leur cotisation.

Art. 5. — Les indications fournies par chaque société ou caisse à l'appui des demandes de subventions peuvent être vérifiées à toute époque au siège social, par les agents accrédités du ministère de l'Agriculture.

Art. 6. — Les ministres du Travail, de l'Agriculture et des Finances sont chargés, chacun en ce qui le concerne, de l'exécution du présent décret, qui sera publié au

Modèle.

REGISTRE DES CONTRATS SOUSCRITS PAR LES EXPLOITANTS VISÉS AU PARAGRAPHE 2 DE L'ARTICLE 1er DE LA LOI DU 15 DECEMBRE 1922 QUI AURONT USE DE LA FACULTE D'ASSUJETTISSEMENT PREVUE A L'ARTICLE 4

NUMÉRO D'ORDRE	NUMÉRO du RÉPERTOIRE général	SITUATION DU RISQUE	COMMUNE	CANTON	SUPERFICIE EXPLOITÉE	DATE de PRISE D'EFFET	PRIME ANNUELLE	DATE D'ANNULATION	PRISE D'EFFET de L'ANNULATION	OBSERVATIONS

Journal officiel de la République française.

Fait à Rambouillet, le 22 août 1923.

A. MILLERAND.

Par le Président de la République :

Le ministre du Travail,

Albert PEYRONNET.

Le ministre de l'Agriculture,

Henry CHÉRON.

Le ministre des Finances,

Ch. DE LASTEYRIE.

Déclaration obligatoire pour tout souscripteur de contrats visés à l'article 1er, qui voudra bénéficier des dégrèvements de primes dans les conditions de l'article 4.

(Cette déclaration reste entre les mains de la société. Un double reste entre les mains du souscripteur.)

Je soussigné :

Nom ....

Prénoms ....

Demeurant à ....

Commune de ....

Canton de ....

assuré à la (désignation de la mutuelle) (1)
.... (s'il y a lieu),

réassuré par ....

par contrat n° .... en date du ....

déclare, par les présentes, cultiver :

1° Seul ;

2° Avec l'aide de ma famille, composée de :

....

(Indiquer les membres de la famille travail-

lant avec l'exploitant et leur degré de parenté).

....

....

....

les risques assurés situés à ....

(Indiquer la situation du ou des risques et le nombre d'hectares.)

Je m'engage à réclamer l'annulation de cette déclaration, dans la forme ci-dessous, au cas où je viendrais à modifier mes conditions de travail en employant, pour m'aider habituellement, pour tout ou partie de l'année, un ou plusieurs ouvriers agricoles (1).

Fait à ...., le ....

(1) S'il s'agit d'une mutuelle locale, il conviendra d'indiquer, en outre, le réassureur.

N. B. — Toute fausse déclaration peut exposer le souscripteur au remboursement, envers l'État, de tous les dégrèvements de prime dont il aura bénéficié, sans préjudice de l'application de l'article 405 du code pénal punissant l'escroquerie.

DECLARATION D'ANNULATION

Le soussigné ....

....

déclare ne plus être, à partir de ce jour, dans les conditions prévues par l'article 1er, paragraphe 2, de la loi du 15 décembre 1922, c'est-à-dire ne plus cultiver d'ordinaire seul ou avec l'aide des membres de sa famille (1).

Fait à ...., le ....

(1) L'emploi occasionnel d'un ou plusieurs collaborateurs salariés ou non ne prive pas l'exploitant des avantages conférés aux adhérents volontaires.